essentials

essentials liefern aktuelles Wissen in konzentrierter Form. Die Essenz dessen, worauf es als „State-of-the-Art" in der gegenwärtigen Fachdiskussion oder in der Praxis ankommt. *essentials* informieren schnell, unkompliziert und verständlich

- als Einführung in ein aktuelles Thema aus Ihrem Fachgebiet
- als Einstieg in ein für Sie noch unbekanntes Themenfeld
- als Einblick, um zum Thema mitreden zu können

Die Bücher in elektronischer und gedruckter Form bringen das Expertenwissen von Springer-Fachautoren kompakt zur Darstellung. Sie sind besonders für die Nutzung als eBook auf Tablet-PCs, eBook-Readern und Smartphones geeignet. *essentials*: Wissensbausteine aus den Wirtschafts, Sozial- und Geisteswissenschaften, aus Technik und Naturwissenschaften sowie aus Medizin, Psychologie und Gesundheitsberufen. Von renommierten Autoren aller Springer-Verlagsmarken.

Weitere Bände in dieser Reihe http://www.springer.com/series/13088

Monika Müller · Magnus Pirovino

Kooperative Finanzberatung

Das Dilemma zwischen Risiko und Ertrag lösen

 Springer

Monika Müller
FCM Finanz Coaching
Wiesbaden
Deutschland

Magnus Pirovino
OPIRO Finance Partners AG
Triesen
Liechtenstein

ISSN 2197-6708
essentials
ISBN 978-3-658-13521-8
DOI 10.1007/978-3-658-13522-5

ISSN 2197-6716 (electronic)

ISBN 978-3-658-13522-5 (eBook)

Die Deutsche Nationalbibliothek verzeichnet diese Publikation in der Deutschen National-bibliografie; detaillierte bibliografische Daten sind im Internet über http://dnb.d-nb.de abrufbar.

Springer
© Springer Fachmedien Wiesbaden 2016

Gedruckt auf säurefreiem und chlorfrei gebleichtem Papier

Springer ist Teil von Springer Nature
Die eingetragene Gesellschaft ist Springer Fachmedien Wiesbaden GmbH

Was Sie in diesem *essential* finden können

- Wissenschaftliche Hintergründe zum Verhältnis von Ertrag und Risiko bei Anlageentscheidungen
- Anregungen, wie Sie finanzpsychologische Aspekte von Geld und Risiko in der Beratung nutzen können
- Lösungsansätze für eine dauerhaft zufriedenstellende kooperative Beratungsstrategie

Vorwort

Dieses *essential* entspringt unserer besonderen Neugier und Freude an den verschiedene Perspektiven eines alltäglichen Phänomens: der Anlageberatung.

Wir, Monika Müller (www.fcm-coaching.de) und Magnus Pirovino (www.opiro.li), haben uns dem Dilemma von Risiko und Ertrag von ganz unterschiedlichen Seiten in einem fruchtbaren Dialog genähert. Dieser Prozess hat uns bereichert. Das wünschen wir auch unseren Leserinnen und Lesern.

Für die wertvollen Hinweise, Anmerkungen und Verbesserungsvorschläge zum Text danken wir Dr. Natalie Knapp, Prof. Dr. Thomas Breuer, Dipl.-Psych. Helena von Versen, Dipl.-Volksw. Marcel Everding und Dipl.-Ök. Renate Hammerl ganz herzlich.

Inhaltsverzeichnis

Einleitung

Wie kommen Menschen zu einem Geldbetrag, den sie anlegen und vermehren möchten? Häufig ist die Ausgangssituation ein Erbe oder die Schenkung. Gerechtigkeit und langfristiger Erfolg sind das Ziel.

Drei Freunde, die Gerechtigkeit suchen

Maria ist stolz und glücklich. Sie bekam zum Schulbeginn der fünften Klasse einen 100-Euro-Schein. Den möchte sie mit ihren engsten Freunden gerecht teilen. Jeder sollte das Gleiche bekommen, schon rechnerisch ist das eine große Herausforderung (vgl. Abb. 1.1).

Doch Maria geht die Aufgabe beherzt und mit für ihr Alter großem Verantwortungsgefühl an. Sie überlegt sich eine Regel: 100 : 3 = 33,33. Und wer bekommt den einen Cent?

Aber ist das gerecht, wenn alle drei Kinder den gleichen Betrag bekommen? Daniel als 7-Jähriger muss für den Eintritt in den Zoo schon voll bezahlen, Mira dagegen kommt für die Hälfte rein. Also kann Mira mit dem Betrag das Doppelte erreichen!

Maria denkt, ihre Oma sagt immer: Bei dir ist das Geld gut aufgehoben. Du sparst oder investierst in deine Bildung! Maria überlegt nun, ob bei ihr nicht ein größerer Betrag gerecht und gut aufgehoben wäre.

Daniel ist wie Maria ein sehr sozial eingestelltes Kind. Er gibt gerne – auch Geld. Er würde nur einen kleinen Teil für sich behalten. Den Rest würde er gerne an zwei Kinder aus der Nachbarschaft geben. Doch würden die sein Geld überhaupt annehmen?

Welche Lösung ist gerecht?

Daniel, Maria und Mira drehen sich im Kreis, keine Lösung scheint ihnen so richtig gerecht – ein Dilemma.

© Springer Fachmedien Wiesbaden 2016

M. Müller und M. Pirovino, *Kooperative Finanzberatung*, essentials,

DOI 10.1007/978-3-658-13522-5_1

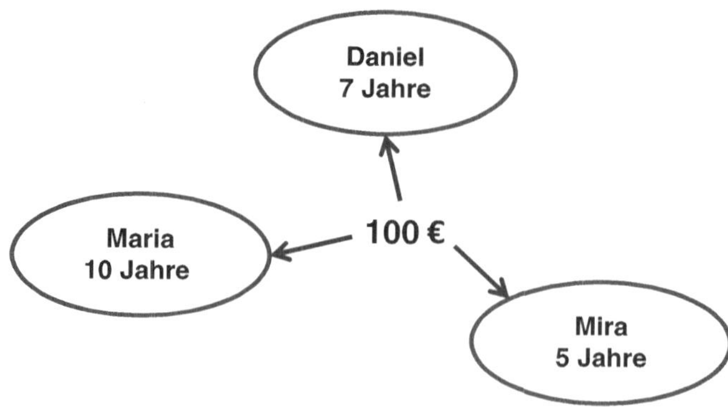

Abb. 1.1 Drei Kinder – ein geschenkter Betrag

Sie legen das Geld in die Ecke, rufen ein paar Kinder zum Spielen und haben einen vergnüglichen Nachmittag.

Und am Ende nimmt Maria das Geld und bringt es ihrer Mutter: „Bitte aufheben, bis ich groß bin, dann weiß ich, was gerecht ist."

Das Dilemma der Verteilung von Geld

Mit einem kleinen Stoßseufzer werden Sie, liebe Leserin, lieber Leser, dieser kleinen Geschichte folgen und sich vielleicht dabei denken: Marias Zuversicht freut natürlich – aber wird die *erwachsene* Maria wirklich weiter sein und wissen, was gerecht ist?

Lassen Sie uns an Marias statt auf eine kleine Lernreise gehen. Warum ist eine gerechte Aufteilung so schwierig? Maria gibt ihrer Mutter das Geld zur Aufbewahrung. Das Problem der gerechten Aufteilung des Geldes unter Marias Freunden hat sich nun für die Mutter verwandelt in das Problem der *richtigen* Aufteilung der 100 € in die verschiedenen Sparformen. Und auch hier ergibt sich ein Verteilungsproblem: Marias Mutter weiß nicht, wie sich die Wahrscheinlichkeiten der Anlageerträge der verschiedenen Sparformen verteilen. Wie die Möglichkeiten stehen, Maria, wenn sie groß ist, mehr oder weniger als die 100 € zurückgeben zu können. Damit Maria dann ihr ursprüngliches Verteilungsproblem wieder lösen kann.

Dass wir es bei jeder Verteilung – sei es eine Verteilung unter Freunden, sei es eine Wahrscheinlichkeitsverteilung oder sei es irgendeine andere Art der Verteilung – mit einem grundlegenden Dilemma zu tun haben, das uns vor unabwägbare Alternativen stellt, davon handelt dieses Essay.

Es gibt verschiedene Betrachtungsweisen, ein Dilemma zu beschreiben. Die meisten Ansätze beginnen mit der Beschreibung eines Zielkonflikts, dessen Existenz uns unmittelbar einleuchtet. Hier aber wollen wir einen etwas anderen Weg gehen. Einen Weg, den uns die moderne Physik für die sonderbare Welt der allerkleinsten Teilchen aufgezeigt hat. Tauchen Sie mit uns in die Welt der Quantenphänomene ein, um dieses Dilemma zu ergründen.

Erstaunlicherweise treten Quantenphänomene auch in unserem Alltag auf. Ja, wir stolpern sogar bei jedem kleinen Ereignis über sie, ohne uns darüber bewusst zu sein. Wir möchten versuchen, Sie mit dieser Welt etwas vertraut zu machen.

© Springer Fachmedien Wiesbaden 2016
M. Müller und M. Pirovino, *Kooperative Finanzberatung*, essentials,
DOI 10.1007/978-3-658-13522-5_2

Keine Angst, Sie brauchen überhaupt keine studierte Physikerin zu sein, um sie zu verstehen, nur etwas Offenheit für ein anderes, ungewohntes Denken.

2.1   Risiko und Ertrag sind komplementär

Lassen Sie uns den Grundgedanken dieses Essays vorstellen und etwas ausbreiten: Risiko und Ertrag sind komplementär. Risiko und Ertrag sind Begriffe aus der Welt der Anleger. Fragen Sie eine Anlageberaterin, nennen wir sie Alice, und sie wird versuchen, es Ihnen zu erklären: „Wenn eine Anlegerin zu mir kommt, ist es wichtig, dass ich ihr diese beiden Grundbegriffe erkläre. Die meisten Kunden haben klare Vorstellungen davon, wie viel Rendite – oder eben Ertrag – sie mit ihrem Ersparten verdienen wollen: 5 % pro Jahr zum Beispiel. Aber sie machen sich kaum Gedanken darüber, welche Risiken sie eingehen müssen, um ein solches Ertragsziel zu realisieren. Ich muss dann zuerst klarstellen: Risiko und Ertrag stehen in einem sehr engen Zusammenhang. Wer mehr Ertrag möchte, muss auch mehr Risiko eingehen können. Aber welches Risiko zum gewünschten Ertrag führt, ist vorerst völlig unklar. Und um ein gemeinsames Verständnis von Risiko zu gewinnen, muss ich mit der Kundin zuerst klären: Welche Anlage soll als risikolos gelten? Die meisten Kunden sehen Schatzanleihen bei dem Staat, bei welchem sie ihre Steuern bezahlen, als risikolos an. Für manche Kunden sind sogar Staatsanleihen mit hohen Risiken behaftet. Mit solchen Kunden muss ich dann einen anderen risikolosen Anker – wie zum Beispiel Bargeld – vereinbaren. Ist dieser Anker vereinbart (also zum Beispiel deutsche Staatsanleihen), kann ich zusammen mit der Kundin versuchen herauszufinden, was Risiko bedeutet. Sie kann ihr Geld ohne Risiko auf ein Jahr mit 1 % Ertrag bei der Bundesrepublik anlegen. Will sie mehr als 1 %, dann muss sie ein gewisses, nicht genau kalkulierbares Risiko eingehen. Will sie zum Beispiel 2 %, dann muss sie schon eine riskantere Anlagestrategie fahren. Schaut sie nach einem Jahr, kann ihr Vermögen auch um 3 % angestiegen sein oder, wenn das Risiko sich negativ auswirkt, überhaupt nicht oder gar leicht geschrumpft sein. Ein Risiko ist da, lässt sich aber nie genau kalkulieren."

Sie wenden vielleicht ein: „Liebe Alice, was Sie hier erzählen, trifft vielleicht bei Kleinkunden zu. Aber für große Kunden, für die mit ganz viel Geld, gilt doch das nicht? Diese können schließlich viel mehr Ertrag erzielen auch ohne mehr Risiken einzugehen. Oder zumindest können diese das Mehrrisiko ganz genau kalkulieren?"

Alice darauf: „Es kam einmal eine Neukundin mit wirklich sehr viel Geld und sehr hohen Ansprüchen zu mir."

„Das wird jetzt spannend! Wie viel Geld hatte diese Kundin denn?"

„Sie hatte sehr viel Geld. Genug, um sich viele Schlösser bauen zu können, wenn sie es denn gewollt hätte."

„Und was waren dies für Ansprüche, welche diese superreiche Kundin hatte?"

„Sie wollte mehr als 10 % Ertrag im Jahr erwirtschaften, dafür aber nicht mehr als 10 % Schwankungsrisiko im Jahr eingehen."

„Jetzt haben Sie mich kalt erwischt: Was verstehen Sie unter Schwankungsrisiko?"

„Entschuldigen Sie! Natürlich hätte ich das vorher erklären sollen: Schwankungsrisiko ist ein statistisches Maß. Am besten stellen Sie sich vor, die Kundin führt eine Buchhaltung über ihre jährlichen Erträge, welche einmal höher und einmal tiefer ausfallen. Das Schwankungsrisiko ist dann die durchschnittliche Schwankungsbreite dieser Erträge."

„Ach so, jetzt verstehe ich! Aber was haben Sie mit Ihrer anspruchsvollen Kundin gemacht? Ich stelle mir die Mindestens-10 %-Rendite-bei-maximal-10 %-Risiko als enorm sportliche Herausforderung vor!"

„Sie sagen es, das war eine große Herausforderung. Aber wir hatten es versucht. Nach fünf Jahren stellte sich heraus, dass wir zwar das Schwankungsrisiko ziemlich genau unter 10 % halten konnten. Aber das Ertragsziel von 10 % jährlich war viel zu ambitiös. Und dies, obwohl wir mit den weltweit besten Anlageexperten zusammengearbeitet hatten."

„Sie konnten für Ihre Kundin das Risiko kontrollieren aber nicht den Ertrag?"

„Ganz genau, dies war für mich eine Lehre. Ich stellte die Kundin vor die Alternative: Entweder wir streben einen durchschnittlichen Ertrag an – eben zum Beispiel 10 % pro Jahr –, dann müssen wir aber frei sein, wie viel Risiko wir jedes Jahr neu dafür eingehen wollen. Oder wir peilen ein vorgegebenes Risiko an – zum Beispiel eine Schwankungsbreite von 10 % – dann leben wir mit dem Ertragsergebnis, welches daraus zu erzielen ist. Beide Ziele gleichzeitig steuern wir nicht mehr an!"

„Das hat diese anspruchsvolle Kundin akzeptiert?"

„Aufgrund der gemachten Erfahrungen war sie schnell bereit dazu."

„Wofür hat sie sich entschieden?"

„Sie hat sich entschieden, ein vorgegebenes Risikoziel (10 % Schwankungsbreite) einzuhalten und sie ist seither vollauf zufrieden mit unserem Mandat."

„Irgendwie seltsam, dass sich Risiko und Ertrag nicht beide gleichzeitig vorgeben lassen", entgegnen Sie, „es braucht doch beides, um ein Anlageergebnis zu erzielen?"

„Ganz genau, für ein Anlageergebnis braucht es beides: ein eingegangenes Risiko und ein erzielter Ertrag. Aber – mit Ausnahme unserer risikofreien

Anlage – lässt sich nicht beides von vornherein festlegen. Entweder ich peile einen vorgegebenen Ertrag an, dann muss ich mir jedes Jahr, vielleicht sogar jeden Tag, wieder neu überdenken, welches Risiko ich dafür eingehen will. Das Risiko ist dann unbestimmt. Oder ich halte mich innerhalb vorgegebener Risikobandbreiten, dann muss ich mich am Ende mit dem daraus maximal zu erzielenden Ertrag zufrieden geben: Der Ertrag wird unbestimmt."

2.2   Messen von komplementären Größen

Situationen, wie sie dieser fiktive Dialog mit der Anlageberaterin Alice schildert, kommen in unserem Alltag öfter vor als wir denken. Sehr oft lassen sich zwei Dinge, die zusammen ein Ganzes ergeben, nicht gleichzeitig exakt bestimmen.

Dass die gerade geschilderte Situation überhaupt nichts Außergewöhnliches an sich hat, soll noch ein anderes Beispiel aus der Wirtschaft zeigen: Eine Fischerin überlegt sich, ihren Fang am Markt zu verkaufen. Sie kann entweder den Preis festsetzen, dann weiß sie nicht, auf wie viel Fisch sie sitzen bleibt. Oder sie kann darauf bestehen, den ganzen Fang zu verkaufen, dann weiß sie nicht, welchen Preis sie dafür erzielen wird. Auch hier: Zwei Größen – Preis und Menge –, welche zusammen ein Ganzes ergeben – einen Tausch von Waren gegen Geld – können im Voraus nicht gleichzeitig exakt bestimmt sein.

Solche Unsicherheitsbeziehungen, wie wir sie zwischen Risiko und Ertrag oder zwischen Preis und Menge sehen, kennt auch die moderne Physik. Physiker untersuchen oft sogenannte komplementäre Messgrößen, wie Ort und Impuls eines Teilchens, und stellen ebenfalls fest, dass diese sich nicht gleichzeitig genau bestimmen lassen.

Auch wenn Sie keine Expertin in der Physik sind und sich vielleicht nie dafür interessiert haben, lohnt sich ein kurzer Blick auf Erkenntnisse dieser Disziplin. Wenn wir diese Erkenntnisse auf den Finanzmarkt übertragen, können wir die Unsicherheiten, mit welchen wir als Anleger stets konfrontiert sind, besser verstehen. Wenden wir uns deshalb kurz den physikalischen Grundlagen zu, um von dort aus mit geschärftem Blick zu unserer Situation als Anleger zurückzukehren.

In der modernen Quantenphysik hat man es oft mit komplementären Messgrößen zu tun. Stellen Sie sich dazu ein kleines physikalisches Teilchen in Bewegung vor. Um eine Wirkung zu erzielen, durchläuft es einen Weg getragen von einem Impuls. Komplementär heißt hier erst einmal: Die Aktion, die Wirkung des Teilchens, kann gesehen werden als der Weg, den es gegangen ist, zusammen mit dem Impuls, von welchem es getragen wurde. Die *komplementären* Größen Weg und Impuls *komplettieren* in diesem Sinne die Aktion, die Wirkung des Teilchens. Dies ist eigentlich fast selbst erklärend und weiter nicht überraschend.

Überraschend wird der Begriff *komplementär* erst, wenn wir die Erkenntnis von Werner Heisenberg ins Spiel bringen, einem der berühmtesten Physiker des 20. Jahrhunderts. Heisenberg sagt nämlich, dass wir komplementäre Größen nicht gleichzeitig genau messen können. Wollen wir den Weg einer Aktion genau messen, wird der Impuls ganz unscharf. Und umgekehrt: Wollen wir den Impuls der Aktion eines solch kleinen Teilchens genau messen, wissen wir nichts Genaues mehr über seinen Weg. Wollen wir beides messen, Weg und Impuls, so bleibt für beide Größen eine gewisse Unschärfe bestehen. Wir wissen dann nur ungefähr, welchen Weg das Teilchen in Aktion geht, und auch nur ungefähr, welcher Impuls es bewegt. Es gibt sogar eine Formel, welche dieses notwendige Maß der Unsicherheit exakt eingrenzt: die heisenbergsche Unschärferelation.

$$\Delta x \times \Delta p \geq h$$

Die Unsicherheit über den Weg (Δx) und den Impuls (Δp) einer Aktion lässt sich nicht eliminieren wegen eben dieser Unschärferelation.

Dann würde Heisenberg weiter ausführen: Wir wissen genau, warum diese Unschärfe auftritt. Physikalische Teilchen können Aktionen nur in ganzen Quanten ausführen, d. h. in Paketen von kleinen Aktionssprüngen. Es gibt ein minimales Aktionsquantum h (die Planckkonstante), welches nicht weiter aufgeteilt werden kann. Diese Sprünge erzeugen die Lücken in der Beobachtung, welche für die Unsicherheit in den gemessenen physikalischen Größen verantwortlich sind.

Ergo: Unsicherheit ist ein elementarer Bestandteil bei der Messung komplementärer Größen.

So sieht also die moderne Physik komplementäre Größen. Aber kommen wir zurück zum Geldanlegen und zu unserem fiktiven Dialog mit der Expertin Alice. Alice kommt zusammen mit ihrer Kundin zum Schluss, dass beim Geldanlegen ein ähnliches Phänomen wie in der Quantenphysik zu beobachten ist. Risiko und Ertrag sind die Bestandteile, welche notwendig sind, um ein Anlageergebnis zu erzielen. Aber irgendwie scheint uns die Sache mit dem Geldanlegen herauszufordern, uns vor ein Dilemma zu stellen. Nie können wir – auch nicht zusammen mit den besten Experten – beide Größen gleichzeitig exakt ansteuern.

Wollen wir ein ganz bestimmtes Risiko ansteuern, dann sind wir ganz unsicher darüber, welchen Ertrag wir damit erzielen können. Wollen wir hingegen sicherer sein über den zu erzielenden Ertrag, desto unsicherer werden wir über das Risiko, welches wir dafür eingehen müssen. Sicherheit über Risiko und Ertrag scheinen sich auszuschließen.

Aber wie kann es beim Geldanlegen zu einem solch erstaunlichen Quantenphänomen kommen?

Wie wir sehen werden, benutzen wir bei der Auswertung unserer Anlageergebnisse ganz natürlicherweise eine Unsicherheitsrelation in der Risiko- und Ertragsbeurteilung, was uns immer wieder neu vor ein Dilemma stellt. Dieses Dilemma können wir nicht auflösen. Aber als Anleger können wir lernen, fruchtbringend damit umzugehen.

▶   Zwei Dinge, die zusammen ein Ganzes ergeben, lassen sich meist nicht gleichzeitig exakt bestimmen. Schon Werner Heisenberg (Physiker im 20. Jahrhundert) sagt nämlich mit seiner heisenbergschen Unschärferelation, dass wir komplementäre Größen nicht gleichzeitig genau messen können. Dies ist nicht nur in der Physik so, auch bei Finanzentscheidungen schließen sich Sicherheit über Risiko und Ertrag aus.

2.3   Anlagestrategie mit komplementären Bausteinen

Stellen Sie sich eine typische Anlegerin vor. Nennen wir sie Beatrix. Beatrix könnte die Mutter von Maria sein. (Maria hat ihre Mutter gebeten, ihr Erspartes aufzuheben, bis sie erwachsen ist – und weiß, wie sie es gerecht teilen kann.) Beatrix ist eine Kundin unserer Anlageberaterin Alice. Sie hat sich mit Alice auf ein Anlageziel und eine dazugehörige Anlagestrategie für ihr eigenes Vermögen und auch für das Ersparte ihrer Tochter geeinigt. Sie will längerfristig 5 % Rendite im Jahr erwirtschaften. Die Anlagestrategie sieht vor, dass Alice und Beatrix sich jährlich treffen, um etwaige Anpassungen in der Aufteilung der Anlagen vorzunehmen. Alice und Beatrix haben sich darauf geeinigt, sich an folgende Regel zu halten: Unter dem Jahr wird das Portfolio nicht verändert. Am Ende des Jahres wird der Anlageertrag evaluiert. Das Portfolio bleibt auch fürs nächste Jahr unverändert, falls sich die letzte Jahresrendite in einem Band von $+5/-5$ % bewegt hat. Wir schreiben

$$\Delta \text{Rendite} = 10\,\%$$

Liegt die Jahresrendite außerhalb dieses Bandes von 0 bis 10 %, dann ändert Beatrix mit Alice die Portfoliozusammensetzung im Bestreben, im nächsten Jahr mit der Anlagerendite wieder in das erwünschte Band hineinzulaufen.

2.4   Das Dilemma in der Beratungsbeziehung

Nach dem ersten Jahr ist Beatrix schon ganz gespannt auf ihr erstes Jahresergebnisgespräch mit Alice. Sie fragt sich: Wie wird es wohl ausgehen?

Beatrix beginnt zu sinnieren: Der Anlageerfolg dieses Jahres ist mir wichtig, aber eigentlich nicht nur dieser. Ich sorge mich auch um alle künftigen Jahre. Wie oft wohl werden die Jahresergebnisse, die ich mit Alice erzielen werde, auf das vereinbarte Zielband treffen? Wie hoch wird meine Erfolgsstatistik auf dem Zielband sein? Beatrix muss bei der Vorstellung lächeln, sie selbst sei eine graue Statistikerin, welche peinlich genau die Häufigkeit der Anlageergebnisse auf dem Zielband misst. In ein paar Jahren, denkt Beatrix wieder mit ernsterer Miene, sollten die allermeisten Jahresergebnisse zwischen 0 und 10 % zu liegen kommen. Das sollte doch möglich sein. Alice war letztes Jahr diesbezüglich ja sehr zuversichtlich. Aber wie sieht die Situation heute aus? Nach nur einem Jahr?

Diese Frage zaubert erneut ein Lächeln auf Beatrix' Gesicht, da sie wieder an die graue Statistikerin denken muss: In einem erfolgreichen Anlagejahr häufen sich die Anlageergebnisse auf dem Zielband folgendermaßen – wenn man überhaupt von häufen reden kann, es gibt nach dem ersten Jahr ja nur ein Ergebnis:

$$\text{Häufigkeit} = \frac{\text{ein Ergebnis}}{10\,\%}$$

Fällt das Anlageergebnis in dieses Zielband, so wird das Gespräch leicht, denkt Beatrix. Sie wird zufrieden sein und erwartet dann, dass Alice nur kleine Anpassungen am Portfolio vorschlägt, von welchen Beatrix jetzt schon weiß, dass sie damit einverstanden sein wird.

Was ist aber, wenn das Anlageziel dieses Jahr nicht erreicht wird? Wenn ich feststellen muss, dass das Anlageergebnis außerhalb des Zielbandes von 0 und 10 % zu liegen kommt?

Falls es mehr als 10 % sein würde, beginnt Beatrix zu träumen, damit könnte ich noch leben. Klar, sicher muss ich Alice fragen, ob wir nicht zu viel Risiko eingegangen sind und einfach Glück gehabt haben. Ob wir nicht zu spekulativ waren und jetzt die Gelegenheit wahrnehmen müssen, das Portfolio konservativer auszurichten. Mehr als eine kleine Ermahnung, in Zukunft nicht mehr so spekulativ vorzugehen, wird Beatrix aber Alice nicht zumuten. Die Strategie war ja sehr erfolgreich.

Was aber ist, wenn das Anlageergebnis negativ ausfällt?, auf Beatrix' Stirn bilden sich Runzeln, dann muss auf jeden Fall etwas geschehen! Entweder Alice erklärt mir, warum das passieren konnte und zeigt mir glaubhaft auf, wie wir da wieder rauskommen oder ich muss mir wohl oder übel eine andere Anlageberaterin suchen!

Für Beatrix steht fest: Hier muss ich resolut durchgreifen. Sonst gelten für Alice im Umgang mit meinem Geld ja überhaupt keine Regeln mehr!

Nach einer Weile schleichen sich Zweifel in ihre Gedanken: Wer sagt mir im Voraus, dass ich mit einer anderen Anlageberaterin besser fahre?

Beatrix versucht, diese Frage zu verdrängen. Sie stellt sich die Situation, in der das Ziel nicht erreicht wird, nochmals ganz nüchtern und sachlich vor. Sie lächelt jetzt nicht mehr bei der eigenen Vorstellung als Statistikerin. Zufrieden mit dem Anlageergebnis kann Beatrix ja in beiden Fällen nicht sein: Nicht wenn es zu hoch ist und auch nicht, wenn es zu niedrig ist. Denn das gesteckte Ziel wurde in beiden Fällen verfehlt. Anders ausgedrückt: Die Häufigkeit des Ergebnisses auf dem Zielband ist gleich Null:

$$\text{Häufigkeit} = 0$$

Beatrix erinnert sich an den erfolgreichen Fall. Dort war die Häufigkeit auf dem Zielband:

$$\text{Häufigkeit} = \frac{1\,\text{Ergebnis}}{10\,\%} = \frac{1\,\text{Ergebnis}}{\Delta\text{Rendite}}$$

Vergleicht sie nun Erfolg und Misserfolg, so ergibt sich folgende Spanne der Häufigkeit auf dem Zielband:

$$\Delta\text{Häufigkeit} = \frac{1\,\text{Ergebnis}}{\Delta\text{Rendite}} - 0 = \frac{1\,\text{Ergebnis}}{\Delta\text{Rendite}}$$

Oder anders geschrieben:

$$\Delta\text{Rendite} \cdot \Delta\text{Häufigkeit} = 1\,\text{Ergebnis}$$

Dies ist das Grunddilemma, welchem Beatrix bei ihrer Jahresauswertung ausgesetzt ist: Die Unsicherheit über die Rendite bei Erfolg der Anlagestrategie mal die Unsicherheit über den Erfolg der Anlagestrategie (ausgedrückt in der Unsicherheit der Häufigkeit der Anlageergebnisse auf dem Zielband) ist gleich der Einheit eines einzelnen Anlageergebnisses (vgl. Abb. 2.1). (Anlageergebnisse sind immer unzerlegbare, irreduzible Einheiten. Es gibt keine halben oder ein viertel Ergebnisse.)

Beatrix versucht, sich dieses sonderbare Dilemma nochmals zu verinnerlichen. Es ist verflixt, denkt sie, mache ich enge Ertragsvorgaben, so möchte ich Sicherheit im Ertrag. Aber dann ist die Unsicherheit über die Häufigkeit des Erfolgs hoch. Also habe ich Unsicherheit über das Risiko. Und mache ich auf der anderen Seite sehr breite Ertragsvorgaben, dann habe ich hohe Unsicherheit im Ertrag. Dafür bekomme ich eine Sicherheit in der Häufigkeit. Also doch auch Sicherheit

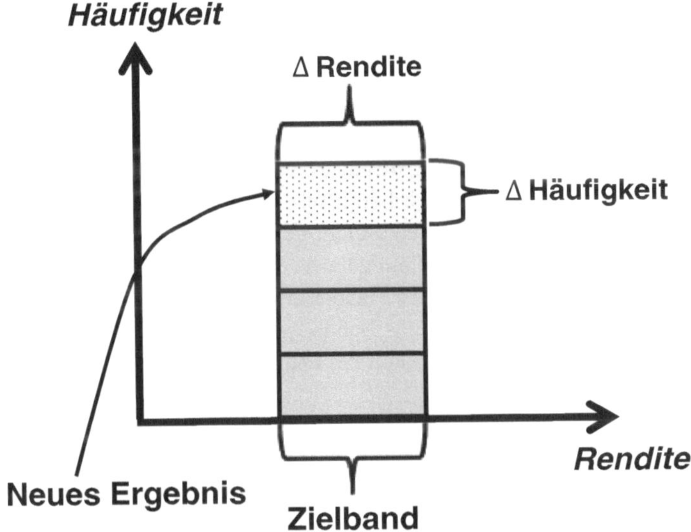

Abb. 2.1 Die Zusammensetzung des einzelnen Anlageereignisses

im Risiko. Kurz: Will ich Sicherheit im Ertrag, bekomme ich Unsicherheit im Risiko. Bekomme ich Sicherheit im Risiko, muss ich mit Unsicherheit im Ertrag rechnen. Wie ich's auch drehe und wende, einen großen Nachteil muss ich immer in Kauf nehmen. Hat mich Alice über diesen Umstand auch genügend informiert? Hätte ich dann nicht eher ein anderes Anlageziel gewählt? Und überhaupt: Wie bin ich zu meinem Anlageziel gekommen? Kenne ich meine Erwartungen gut genug?

Während Beatrix noch sinniert, bereitet sich auch Alice, ihre Anlageberaterin, auf das Jahresgespräch vor. Alice stellt fest, dass das Anlageergebnis dieses Jahr negativ ist. Sie denkt sich: Beatrix erwartet 5 %. Sie sollte aber wissen, dass gewisse Schwankungen auftreten können. Alice schaut im Beratungsvertrag nach und sieht dort, dass Beatrix Schwankungen zwischen 0 und 10 % Rendite erwartet. Ist das Anlageergebnis außerhalb, sollte das Portfolio überprüft und angepasst werden. Nun sind wir im negativen Bereich, also außerhalb dieses Bandes. Alice denkt: Um das langfristige Ziel von 5 % im Schnitt zu erreichen, müssten wir jetzt das Risiko erhöhen, also Anlagen mit geringerem Risiko verkaufen und solche mit höherem Risiko dazukaufen. Die Anlagen mit höherem Risiko sind aber jene, welche am stärksten gefallen sind dieses Jahr. Hat Beatrix nicht Angst, diese könnten noch weiter fallen? Wird sie bereit sein, diese jetzt dazuzukaufen? Alice schaut noch einmal in der Vereinbarung nach, welche sie voriges Jahr mit Beatrix getroffen hat. Darin steht, dass die Kundin dazu bereit wäre. Also kein Problem!

Trotzdem, Alice hat ein *mulmiges Gefühl* vor der Jahresbesprechung mit Beatrix. Wird sie sich an diese Vereinbarung halten? Oder wird sie ihr gar das Mandat entziehen?

Alice versucht zur Vorbereitung auf das Gespräch mit Beatrix in Gedanken die Möglichkeiten aufzuzeigen, wie sie gemeinsam mit dem Mandat umgehen könnten. Kann Beatrix damit leben, dass das Ziel dieses Jahr unterschritten wurde, dann wird Alice ihr einfach das aggressivere Portfolio für nächstes Jahr vorschlagen, was sie dann auch hoffentlich bereit sein wird umzusetzen. Ist aber Beatrix unzufrieden, weil das Anlageergebnis unter dem Zielband liegt, und nicht bereit, nun höhere Risiken einzugehen, dann gäbe es eine andere Möglichkeit. Sie könnten das Anlageziel ändern und das Mandat anpassen. Das Zielband könnte verbreitert werden zum Beispiel auf das Band zwischen -5 und $15\,\%$. Am nächsten Jahresende wäre dann die Unsicherheit bei Erfolg der Anlagestrategie

$$\Delta \text{Rendite} = 20\,\%$$

Diese größere Erfolgsunsicherheit würde dann durch eine geringere Spanne der möglichen Häufigkeit auf dem Zielband kompensiert. Die Unsicherheit in der Häufigkeit auf dem Zielband wäre von

$$\Delta \text{Häufigkeit} = \frac{1\,\text{Ergebnis}}{10\,\%}$$

auf neu

$$\Delta \text{Häufigkeit} = \frac{1\,\text{Ergebnis}}{20\,\%}$$

gesunken.

Alice sucht in Gedanken Formulierungen, wie sie Beatrix diesen Umstand noch klarer erläutern kann: Sehen Sie Beatrix. Wenn wir eine höhere Unsicherheit in der Rendite zulassen, gewinnen wir eine geringere Unsicherheit in der Häufigkeit der Anlageergebnisse, die wir Jahr für Jahr auf unserem Zielband beobachten und dann besprechen. Aus diesen Häufigkeiten werden wir über die Jahre eine Buchhaltung machen können, sodass wir eine Verteilung der Jahreserträge bekommen.

In Gedanken stellt Alice sich vor, wie sie Beatrix die Verteilung der Erträge ihrer jährlichen Anlageergebnisse auf einem Blatt Papier veranschaulicht (vgl. Tab. 2.1).

Wir können dann erfolgreiche Jahre von nicht erfolgreichen Jahren unterscheiden. Je genauer wir diese Verteilung kennen, desto geringer ist die Unsicherheit über das eingegangene Risiko. Wollen wir das Risiko, das wir eingehen, sehr genau

Tab. 2.1 Verteilung der Erträge von jährlichen Anlageergebnissen

Jahr	Jahresertrag (%)
2003	12,4
2004	4,1
2005	5,2
2006	5,1
2007	3,8
2008	−9,7
2009	9,7
2010	1,2
2011	−4,3
2012	7,5

kennen, so müssen wir die Unsicherheit über die Verteilung der Jahreserträge – und mit dieser auch die Unsicherheit über die Häufigkeiten möglichst klein halten.

Alice stellt sich vor, dass sie dazu zwei verschiedene Verteilungen auf ein Blatt Papier malt und Beatrix auf den Unterschied aufmerksam macht (vgl. Abb. 2.2 und 2.3).

Diese Unsicherheit ist dann klein, wenn das Zielband sehr breit ist. Auch dazu stellt sich Alice eine kleine Zeichnung vor, die sie Beatrix zeigen will. Ändern wir also unsere Vereinbarung, und verdoppeln die Breite des Zielbandes auf −5 bis 15 %, dann halbiert sich für das nächste Anlagejahr die Unsicherheit über die Häufigkeit auf dem Zielband. Die Unsicherheit über unser Risiko wird also kleiner. In diesem Sinne ist in *jedem neuen Anlagejahr die Unsicherheit* über den Ertrag mal die Unsicherheit über das eingegangene Risiko *konstant*.

$$\Delta \text{Rendite} \cdot \Delta \text{Risiko} = 1 \text{ Ergebnis}$$

Alice hofft, diesen Umstand Beatrix im Gespräch und mit anschaulichen Unterlagen klar machen zu können.

Noch etwas anderes aber brennt Alice unter den Nägeln. Viele Änderungen der Zielvereinbarung haben längerfristig einen negativen Einfluss auf beide Unsicherheiten. Ändert man zum Beispiel das Zielband der erfolgreichen Jahreserträge, in dem man es von 10 auf 5 % halbiert, dann bleibt diese Unsicherheit der erfolgreichen Jahreserträge nur dann immer so tief, wenn es in späteren Jahren nicht wieder erhöht wird. Was sich so banal anhört, hat enorme Konsequenzen, wenn man beide Ziel-Unsicherheiten zusammen betrachtet.

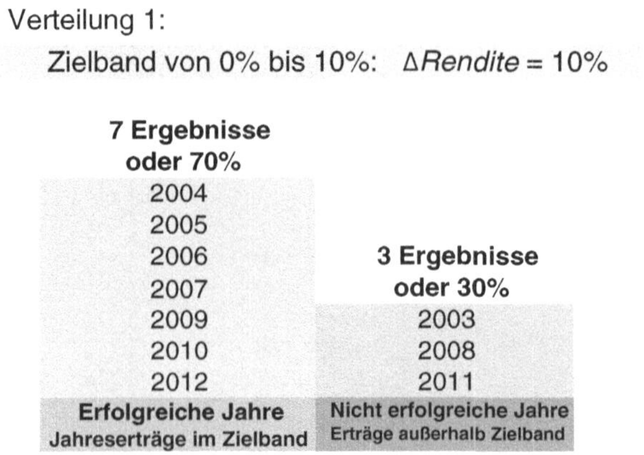

Verteilung 1:

Zielband von 0% bis 10%: $\Delta Rendite = 10\%$

**7 Ergebnisse
oder 70%**

2004

2005

2006   **3 Ergebnisse
oder 30%**

2007

2009   2003

2010   2008

2012   2011

Erfolgreiche Jahre   **Nicht erfolgreiche Jahre**
Jahreserträge im Zielband   Erträge außerhalb Zielband

Abb. 2.2 Verteilung 1: erfolgreiche – nicht erfolgreiche Jahre

Verteilung 2:

Zielband von -5% bis 15%: $\Delta Rendite = 20\%$

**9 Ergebnisse
oder 90%**

2003

2004

2005

2006

2007

2009

2010   **1 Ergebnis
oder 10%**

2011

2012   2008

Erfolgreiche Jahre   **Nicht erfolgreiche Jahre**
Jahreserträge im Zielband   Erträge außerhalb Zielband

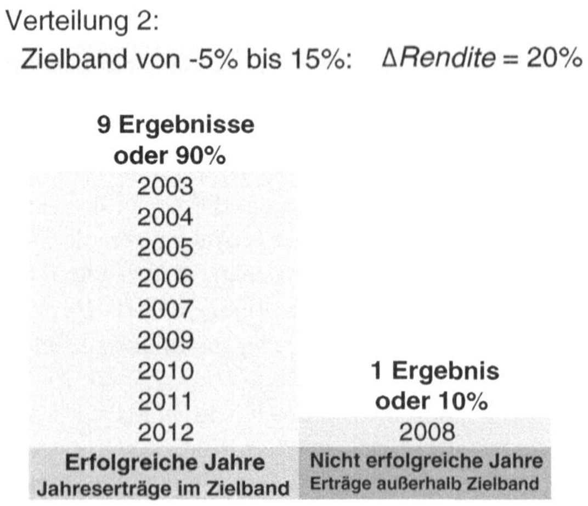

Abb. 2.3 Verteilung 2: erfolgreiche – nicht erfolgreiche Jahre

Das Produkt beider Unsicherheiten wird umso größer, je öfter die Zielvereinbarung geändert wird. Das Gleichheitszeichen (=) wird zu einem Größer-Zeichen

(>). Beide Unsicherheiten zusammengenommen nehmen zu, je öfter die vereinbarten Ziele geändert werden:

$$\Delta \text{Rendite} \cdot \Delta \text{Risiko} > 1 \text{ Ergebnis}$$

Alice denkt, dass es schwierig sein könnte, Beatrix davon zu überzeugen, den Beratervertrag nicht zu ändern, gerade in den Jahren, in denen der Ertrag unter das Zielband gefallen ist. Alice denkt sich deshalb auch hier noch weitere Argumente aus, wie sie Beatrix überzeugen könnte, wohl wissend, wie schwierig dies ist.

Mit einem Stoßseufzer sagt sie sich: Das Dilemma von Risiko und Ertrag lässt sich eben nicht aushebeln.

Risiko und Ertrag sind komplementär

▶ Anleger stehen immer vor der Entscheidung: Will ich Sicherheit im Ertrag, und akzeptiere Unsicherheit im Risiko. Oder will ich Sicherheit im Risiko, so muss ich mit Unsicherheit im Ertrag rechnen. Wie ich's auch drehe und wende, einen Nachteil muss ich immer in Kauf nehmen.

Viele Änderungen der Zielvereinbarung haben längerfristig einen negativen Einfluss auf beide Unsicherheiten. Das Produkt beider Unsicherheiten wird umso größer, je öfter die Zielvereinbarung geändert wird. Deshalb müssen Berater und Kunde alles daran setzen eine bewusste und vertrauensvolle Beziehung aufzubauen.

2.5   Schritte einer Anlagebeziehung von A bis Z

Fassen wir zusammen, oder besser ausgedrückt, fügen wir die einzelnen Schritte, welche Beatrix und Alice gemeinsam gehen, zu einem Ganzen zusammen – zu einer vollständigen Anlagebeziehung.

Reihen wir die Schritte aneinander, die Schritte, die Beatrix und Alice zusammen gehen. Von der ersten getätigten Geldanlage (A = Anfang), zum ersten Jahresgespräch, zum zweiten, zum dritten, zum vierten und so weiter. Bis Beatrix ihr Geld wieder braucht, um es zum Beispiel Maria, die inzwischen erwachsen geworden ist, zurückzugeben (Z = Ziel). Oder bis das Mandatsverhältnis aufgelöst wird. Welches ist die Unsicherheit für die gesamte Anlagebeziehung?

Wenn Beatrix und Alice sicherstellen wollen, einen bestimmten durchschnittlichen Jahresertrag auf lange Sicht zu erzielen, welcher über dem risikolosen

Zinssatz liegt, dann wollen sie Sicherheit für den langfristigen Ertrag. Ist dieser Ertrag weit über dem risikolosen Zinssatz, dann ist die Unsicherheit über das Risiko schier unbegrenzt. Die Unsicherheit, jedes Jahr hohe Anpassungen am Portfolio vornehmen zu müssen, ist dann hoch. Fällt ein Jahr negativ aus, muss im nächsten das Risiko erhöht werden, um den Verlust wieder auszugleichen. Mit dem Risiko, übernächstes Jahr das Risiko noch weiter erhöhen zu müssen, usw.

Wollen Beatrix und Alice hingegen Sicherheit im Risiko ihres Anlageportfolios, dann müssen sie mit dem vorliebnehmen, was der Markt auf lange Sicht für dieses Risiko hergibt. Die Unsicherheit über den durchschnittlichen Jahresertrag ist dann sehr hoch.

Wollen Beatrix und Alice, wieder anders gesehen, einen Kompromiss eingehen und beide Unsicherheiten von Ertrag und Risiko zusammen limitieren, dann müssen sie bereit sein, in beiden Größen eine gewisse Unsicherheit zuzulassen. Diese doppelte Unsicherheit wird typischerweise in Form einer Bandbreite in der zu erzielenden Rendite und einer Bandbreite des dafür zulässigen Risikos in einer Vereinbarung festgehalten. Diese doppelte Unsicherheit führt aber leicht zu Interpretationsschwierigkeiten. Allzu gerne verdrängen unsere eigenen Erwartungen das Bewusstsein des Dilemmas von Risiko und Ertrag und geraten in der Folge in Konflikt mit den tatsächlichen Ergebnissen. Solche Interpretationsschwierigkeiten sollten aber möglichst selten durch Änderungen der Zielvereinbarung ausgeräumt werden. Jede Änderung der Zielvereinbarung erhöht die gemeinsame Unsicherheit von Risiko und Ertrag über die Laufzeit der gesamten Anlagebeziehung. *Denn Sicherheit über Risiko und Sicherheit über Ertrag schließen sich aus. Risiko und Ertrag sind komplementär.*

▶   In der Anlageberatung ist die Stabilität in der Beziehung der eigentliche Schlüssel zum gemeinsamen Erfolg.

Anlagebeziehungen erfolgreich gestalten

3.1 Die Herausforderung aus finanzpsychologischer Perspektive

Wie kommen Beraterin und Kundin nun aus dieser Zwickmühle heraus und zu einer stabilen, ertragreichen Geschäftsbeziehung? Liebe Leserin und lieber Leser, sich entscheiden beginnt da, wo rechnen aufhört. Wie Sie schon gelesen haben, wird das Dilemma bei Entscheidungen unter Risiko immer von gemischten Gefühlen begleitet. Mithilfe der Psychologie als Wissenschaft vom menschlichem Denken, Fühlen und Handeln wollen wir einige Gedanken aufwerfen, die Alice und Beatrix bei der Lösungsfindung helfen können.

Geldanlegen erfordert von Kunden viele Entscheidungen. Wir haben gelernt: Jede neue Entscheidung auf der strategischen Ebene, die etwas mehr Sicherheit für Risiko oder Ertrag erzielen soll, beinhaltet eine neue Quelle für Unsicherheit. Das bedeutet auch: Jede Änderung der Anlagestrategie und jeder Wechsel der Beraterin führt dazu, dass die Zuverlässigkeit der Zielerreichung geschmälert wird. Umgekehrt steigt die Chance auf eine gute Mustererkennung mit der Häufigkeit der Ereignisse. Das heißt mit anderen Worten: *Je länger Beraterin und Kundin mit der gleichen Strategie bezüglich Risiko und Rendite zusammenarbeiten können, desto erfolgreicher wird die Arbeit sein.*

Das Ziel muss es also sein, eine robuste Strategie zu wählen und eine ebenso robuste Beziehung zwischen Kundin und Beraterin aufzubauen.

> ▶ In der Anlageberatung sehen sich beide Gesprächspartner selten. Die geringe Häufigkeit der Ereignisse erhöht die Bedeutung für die Herangehensweise an jedes Ereignis im Prozess. Dazu gehört die sorgfältige

© Springer Fachmedien Wiesbaden 2016
M. Müller und M. Pirovino, *Kooperative Finanzberatung*, essentials,
DOI 10.1007/978-3-658-13522-5_3

Auswahl der Beraterin, die optimale Nutzung der Zeit zwischen den Jahresbesprechungen und die professionelle Gestaltung des Strategiegesprächs.

In diesem Zusammenhang sehen wir: Der Faktor Mensch hat eine nicht unerhebliche Bedeutung für den Erfolg. Lassen Sie uns die Rollen und Perspektiven beider Akteure – Beraterin und Kundin – unter diesen Gesichtspunkten am Beispiel von Beatrix und Alice genauer anschauen.

3.2   Die Kundin als Finanzentscheider

Beatrix besitzt einen Geldbetrag, den sie für ihre Tochter Maria über viele Jahre gut anlegen möchte. Sie möchte eine *richtige* Entscheidung treffen. Für diesen Prozess schlüpft sie – zunächst unbewusst – in die Rolle einer Finanzentscheiderin. Sie muss verschiedene Entscheidungen treffen, die ihr bislang fremd sind. Ganz besonders neu: Sie wird bewusst ein Risiko mit Geld eingehen. In ihrem bisherigen Leben hat Beatrix versucht Risiko zu vermeiden – denkt sie. Was wissen wir über Beatrix: Sie ist *gut* verheiratet und hat zwei Kinder. *Gut* meint in diesem Fall, ihr Ehemann verdient ein gutes Gehalt. Auch sie hat eine feste Stelle, die ihr Spaß macht.

Als Beobachter nehmen wir wahr: Ohne es sich bisher bewusst zu sein, ist Beatrix schon viele Risiken in ihrem Leben eingegangen: Sie hat sich verliebt, hat geheiratet und ist schwanger geworden: Beatrix ist auch bisher soziale, finanzielle und körperliche Risiken eingegangen.

Wahrscheinlich hat sie sich bei diesen Entscheidungen jedoch noch nie gefragt: Wie viel Risiko will ich eingehen? Wie risikobereit bin ich denn eigentlich? Und passt das Risiko, das ich eingehe, überhaupt zu mir und meiner Einstellung zu Risiko? Noch eine spannende Frage, die sich Beatrix nun stellen muss: Nehme ich das Risiko in einer Situation überhaupt wahr? Die wichtigsten (Finanz-)Entscheidungen hat Beatrix also getroffen, ohne das Risiko und damit die Konsequenzen ihrer Entscheidungen genau zu kennen. Und bisher ist auch alles gut gegangen.

Die finanziellen Konsequenzen und Risiken ihrer bisherigen Entscheidungen, wie zum Beispiel die Heirat mit Marco, hat sie bislang nicht bewusst wahrgenommen. Wahrscheinlich würde sie es auch als seltsam empfinden, von ihrer Heirat als finanziellem Risiko mit Ertragschancen zu sprechen. (Doch genau dies ist die materielle Situation beim Eingehen einer ganz normalen Ehe, bei welcher ein Zugewinnausgleich vorgesehen ist.)

Bei der Geldanlage ist alles anders. Hier sieht sie die Konsequenzen – wenn sie will, sogar Tag für Tag – schwarz auf weiß im Depot. Die Rolle der Finanzentscheiderin lässt sich nicht so einfach wieder ablegen. Es wird also ernst. Für Beatrix lohnt es sich deshalb, die Rolle besser zu verstehen. Sie will und muss sich in die Rolle hineinentwickeln. Denn Maria hat ihr den Geldbetrag anvertraut, der nun über viele Jahre wachsen soll.

Sie vergleicht die Herausforderung mit der Rolle als Mutter. Auch diese hatte sie zu Beginn fast überfordert, doch mit der Zeit hat sie Erfahrungen gesammelt und dazugelernt. Und sie denkt sich nun: So ist es mit der Rolle als Finanzentscheiderin eben auch.

Ja, die Verantwortung ist groß, die Tragweite einer Entscheidung fast unüberschaubar und es lauern Gelegenheiten für Fehler an jeder Ecke. Kein Wunder, dass die wenigsten Menschen sich auf diese Rolle gerne und bewusst einlassen. Doch man kann nicht nicht-entscheiden. Wer einmal angefangen hat, mehr Geld zu besitzen, als er gerade braucht, ist in der Rolle drin. Man muss sich immer wieder entscheiden. Auch das Festhalten an einer Anlagestrategie ist eine Entscheidung. Ob eine Entscheidung auf Dauer trägt, hängt wesentlich von der Beantwortung der Frage ab: Ist mir das Risiko, das ich eingehe, bewusst oder entscheide ich unbewusst? Und kann ich die nötige Information dafür richtig verarbeiten?

Ein Beispiel: Bei der Geldanlage sehen wir kurzfristig Konsequenzen, die für das längerfristige Ergebnis unerheblich sind. Das heißt, wir müssen lernen zu unterscheiden, welche Information wichtig ist und welche wir vernachlässigen können. Dafür brauchen wir unser Bewusstsein.

Bewusst sein lohnt sich. Die Prozessqualität und der Erfolg von Entscheidungen steigen, wenn wir bewusst Finanzentscheidungen treffen. Doch worauf sollten wir unsere Aufmerksamkeit richten? Aus der psychologischen Wissenschaft und Gehirnforschung wissen wir: Alle Entscheidungen, die Menschen treffen, bestehen aus drei Elementen: Ratio, Intuition und Emotionen. Wenn uns die Bestandteile bekannt sind, wir darin geübt sind, und mit Ratio, Intuition und Gefühlen bewusst *spielen können*, dann werden unsere Entscheidungen mit der Zeit immer besser. Aber wie bei jeder neuen Kompetenz: Aller Anfang ist schwer. Und doch, so ganz stimmt das nicht. Es gibt auch Anfangserfolge, die uns unachtsam werden lassen. Deshalb sind Fehler zu Beginn der Lernkurve richtig gut. Sie machen uns wach und zeigen uns, was noch fehlt.

Was aber ist ein Fehler bei Anlageentscheidungen? Wenn Beatrix Regeln für ihre Entscheidungen aufstellt, dann wäre es ein Fehler, diese Regeln nicht einzuhalten. Warum ist das ein Fehler? Anlageentscheidungen brauchen Regeln. Die wichtigste Regel haben wir schon kennen gelernt: Wie viel Risiko für wie viel

Ertrag? In welchen Bandbreiten soll sich das Risiko bewegen, in welchen Bandbreiten der Ertrag? Ohne diese Regel kann das Ergebnis von Entscheidungen nicht bewertet werden. Regeln geben einerseits Orientierung für Kauf und Verkauf, aber sie schränken uns auch emotional ein. Die eine Person fühlt diese Einschränkung mehr, die andere weniger. Vielen Menschen vermitteln Regeln bei der Geldanlage ein Gefühl von Unfreiheit.

> ▶ Anlageentscheidungen brauchen wenige, einfach Regeln. In der Anlageberatung und Vermögensverwaltung legen Berater und Kunde diese Regeln gemeinsam fest. Ohne diese Regeln kann das Ergebnis von Entscheidungen nicht bewertet werden.

Wo liegt nun die ganz individuelle Herausforderung für Beatrix? Stellen wir uns vor: Beatrix möchte ihr Geld anlegen, um (später) sich oder ihrer Tochter eine freie Lebensgestaltung zu ermöglichen. Dann könnten Regeln in ihr zu einem Konflikt führen. Der unbewusste innere Konflikt löst wahrnehmbar unangenehme Gefühle aus. Mit großer Wahrscheinlichkeit erkennt Beatrix diesen Bezug noch nicht.

Beatrix will das unangenehme Gefühl loswerden. Nehmen wir an, sie folgt ihrem Freiheitsdrang und bricht die Regel und der Wert ihres Depots steigt. Ein fataler Lerneffekt: Sie erlebt, wie ein zufälliges Ereignis mit einer emotional motivierten Entscheidung aus einem anderen Kontext – Freiheit statt Regeln – zusammenfällt. Das Erlebnis verschafft ihr ein angenehmes Gefühl und sie lernt: Ich brauche die Regeln nicht! Sie nimmt nur die kurzfristigen Konsequenzen wahr. Für sie sieht es so aus, als ob das Regelbrechen *richtig* war.

Was sie nicht erkennt: Sie hat sich um die Chance gebracht, zu einer größeren Häufigkeit von Entscheidungen und Ergebnissen als Basis für die Evaluation ihrer Regeln zu gelangen. Dies ist jedoch ein wesentlicher Faktor für gute Entscheidungen.

Wenn Beatrix darüber nachdenkt, müsste sie sich eingestehen, dass sie, um ein unangenehmes Gefühl loszuwerden, ihren Verstand außer Kraft gesetzt hat. Ein typischer Fehler bei Finanzentscheidungen.

Beatrix spürt ganz deutlich: Finanzentscheidungen sind kein Kinderspiel. Die Verantwortung für unsere Finanzentscheidungen ist groß. Die 100 € ihrer Tochter will sie vermehren und sogar noch jeden Monat 100 € bis zum Studienbeginn dazulegen. Sie kommt an einen wichtigen Wendepunkt, sie will die Verantwortung teilen. Mit ihrem Mann kann sie über die Entscheidung nicht sprechen. Also sucht sie eine Beraterin. Sie erkennt: Jetzt muss sie sehr genau überlegen, mit wem und in welchem Maß sie zukünftig die Verantwortung für das Geld teilen möchte.

Sofort gesellt sich ein zweites Risiko hinzu: Das soziale Risiko, das Risiko sich auf eine andere Person einzulassen. Wir sagen bewusst nicht *sich zu verlassen – einlassen* trifft den Kern dessen sehr genau, was in einer Beraterin-Kundin-Beziehung passiert. Die soziale Risikobereitschaft von Beatrix und die Einschätzung des Risikos, das eine andere Person darstellt, werden ausschlaggebend bei der Wahl der Finanzberaterin sein.

Das Thema Risikobereitschaft begegnet Beatrix als Anlegerin also auf zwei Ebenen: Als Finanzentscheiderin, die sich beraten lassen möchte, muss ich meine *finanzielle Risikobereitschaft* und meine *soziale Risikobereitschaft* gut kennen. Nur dann werden meine Geldanlagen und meine Beraterin zu mir passen. Doch ein Restrisiko bleibt. Deshalb ist ein gesundes Maß an Vertrauen eine weitere wichtige Komponente bei guten Entscheidungen.

Fassen wir zusammen: Beatrix muss Entscheidungen treffen. Sie sollte sie bewusst treffen. Dazu braucht sie kein Wissen über die Märkte – diese Aufgabe soll ja Alice als ihre Beraterin übernehmen – sie braucht aber das nötige Verständnis für Risiko und Rendite. Beatrix wird lernen: Sie muss Unsicherheit bewusst aushalten können. Und sie muss wissen, was ihr bei einer Finanzberaterin und beim Prozess der Beratung wichtig ist. Idealerweise weiß sie nicht nur, was sie möchte, sondern auch, was sie überhaupt von einer Beraterin erwarten kann. Zumindest sollte sie Fragen zu diesen Themen in die erste Begegnung mitbringen.

So gerüstet, wird sie von Anfang an Verantwortung für ihr Tun tragen, und dadurch eine gute Basis für die Beziehung zu ihrer Finanzberaterin legen.

3.3   Die moderne Beraterin

In ihrem Büro empfängt Alice die neue Kundin mit großer Freude. Sie kennt sie vom Tennisklub, hat ein paarmal mit ihr ein Match gespielt und erfahren, dass sie eine Beraterin sucht. Daraufhin hat Alice Beatrix zu einem Erstgespräch eingeladen. Alice hat sich gut vorbereitet. Wenn eine neue Kundin kommt, stellt sie ihr ein paar zentrale Fragen, damit sie ihr Gegenüber besser einschätzen kann. Sie ist erfahren und hat gelernt, ein wichtiges Erfolgskriterium für ihre Beratung ist, die Finanzpersönlichkeit ihrer Kunden gut zu kennen. Alice weiß: Die körperliche Risikobereitschaft auf dem Tennisplatz und die finanzielle Risikobereitschaft sind zwei Paar Schuhe. Früher hat sie sich auf ihr Gespür verlassen. Nicht selten hat sie sich in ihrer ersten Einschätzung getäuscht. Die Konsequenz war, dass Kunden beim nächsten Gespräch mit dem Ergebnis nicht zurechtkamen, weil sie zwar rational verstanden hatten, worum es geht, als jedoch das Risiko dann eingetreten war, konnten sie es emotional oft nicht aushalten. Die Lösung sahen die Kunden darin, die Zielvereinbarungen für die Strategie zu ändern. Das führte wiederum dazu, dass es für die nächsten Jahre schwerer wurde, den Erfolg der Anlage sicher zu messen. Dazu kam dann noch das Misstrauen in die Beraterin und das Misstrauen und die Verunsicherung mit sich selbst. Der Zeitaufwand für den Wiederaufbau des Vertrauens und die Beziehungspflege waren enorm.

Irgendwann hat Alice ihre Grenzen erkannt. Als Finanzberaterin kennt sie sich mit Zahlen, Daten, Fakten sehr gut aus. Als Mensch ist sie offen und kommunikativ und kann gut auf neue Kunden zugehen. Doch das benötigte finanzpsychologische Wissen und das Beobachtungsvermögen innerhalb eines einzigen Gesprächs, die Finanzpersönlichkeit ihres Gegenübers so genau einzuschätzen, wie es für eine professionelle Empfehlung nötig wäre, das bringt sie nicht auf. Dazu müsste sie ganz genau wissen, was ihre Kunden individuell unter Risiko verstehen. Die Gefahr, den Kunden durch die Brille ihrer eigenen Risikobereitschaft zu sehen, ist ihr zu groß. Das finanzielle Risiko, das sich daraus für ihr Unternehmen ergibt, auch.

3.4 Die emotionale Komfortzone der Kundin

Die Lösung war nicht ganz einfach zu finden. Sie hatte hohe Ansprüche, denn das Vorgehen sollte ja sowohl der Kundin als auch ihr ein möglichst sicheres Fundament bieten. Ja, *objektiv, zuverlässig* und *sicher* waren ihre wichtigen Kriterien. Doch nach einigem Suchen wurde Alice fündig. Seither nutzt sie ein objektives Instrument für die Erfassung der finanziellen Risikobereitschaft ihrer Kundinnen und Kunden. Sie wird auch Beatrix bitten, den Fragebogen auszufüllen. Das Ergebnis ist zuverlässig und in Kombination mit dem Auswertungsgespräch gibt es beiden die Sicherheit, das richtige Risikomaß (Bandbreite) und den möglichen Ertrag für die Kundin zu finden. Darüber hinaus hat Alice noch die Möglichkeit, ihrer Kundin leicht verständlich zu zeigen, wie sich das Risiko und der Ertrag einer Anlagestrategie, die zu ihrem Risikoprofil passt, zueinander verhalten. Sie ermöglicht Alice einen gedanklichen Sprung in die Zukunft, basierend auf Erfahrungen der Vergangenheit. Das ist wie eine Probefahrt im Auto. Beatrix soll das Vorgehen ein Gefühl für das Risiko vermitteln, das sie eingehen wird. Damit kann Alice die Bandbereite für das Risiko und den Ertrag so festlegen, dass Beatrix in der meisten Zeit, während sie diese Anlagestrategie verfolgt, in ihrer emotionalen Komfortzone bleibt. Die beste Voraussetzung für das Einhalten einer einmal getroffenen Vereinbarung. Beide haben die Verantwortung richtig verteilt.

> Die Komfortzone ist eine neutrale, angstfreie Zone. Ein Zustand aus dem heraus wir bestmöglich reflektieren und gute Entscheidungen treffen können. Die Suche nach der Komfortzone eines Anlegers ist essenziell für eine dauerhaft, stabile Entscheidungsgrundlage.

Mit diesem Vorgehen hat Alice das Dilemma zwischen Risiko und Ertrag entschärft. Aber nicht nur das. Auch die Verteilung der Verantwortung zwischen ihr und den Kunden gelingt leichter. Beatrix bekommt von Anfang an die Möglichkeit, sich in die Entscheidungsfindung aktiv einzubringen. Das hilft ihr sehr, sie nimmt die Rolle als Finanzentscheiderin leichter an. Auf diese Weise gewinnt sie Sicherheit und Vertrauen in den Prozess. Das wirkt sich auch positiv auf ihre Entscheidung aus, Alice als Beraterin gewählt zu haben.

Alice selber weiß, dass sie durch dieses Vorgehen ihre früheren Ängste vor manchen Kundengesprächen massiv reduzieren konnte. Auch wenn der Markt wieder einmal eine Talfahrt angetreten hat. Sie nimmt so ihren eigenen Emotionen die Spitze, bereitet ihre Kunden gut auf das zu erwartende Szenario vor. Früher hat sie in der Vorbereitung auf das nächste Gespräch viel Zeit mit dem eigenen inneren Dialog verloren. Sie war tagelang mit Gedanken beschäftigt wie: Was wird die Kundin von mir denken, wenn ich die Zahlen nicht *gebracht* habe, die ich der Kundin *versprochen* hatte? Das passiert ihr heute nicht mehr.

Alice nutzt bei ihrem Beratungsprozess einen Trick aus dem Coaching: Sie bringt ihre Kundin mittels kraftvoller Fragen (Fragebogen) selbst ins Denken. Das hilft auf mehreren Ebenen, das Dilemma zwischen Sicherheit und Ertrag zu verringern:

a) Die Kundin gewinnt Orientierung in der Rolle: Was macht eine Finanzentscheiderin, was muss sie *wissen,* was muss sie *machen* und was nicht.
b) In den Beteiligten entsteht Sicherheit im Inneren (in der Kundin und in der Beziehung zwischen beiden). Das erlaubt ein gewisses Maß an Unsicherheit im Äußeren (Rendite-Risiko-Bandbreiten).
c) Der Fragebogen und das Beratungsmaterial beinhalten Szenarien, die Alice nutzt, um den Ernstfall (ein Ergebnis außerhalb des Bandes) vorbeugend durchzusprechen. Damit spart sie sich und ihrer Kundin die negativen Gefühle bei der Vorbereitung auf das nächste Jahresgespräch.
d) So baut Alice schon in kurzer Zeit ein gesundes Vertrauensverhältnis zu ihrer Kundin auf, das es beiden ermöglicht, das Beste für die Entscheidung beizutragen. Seit sie dieses Vorgehen wählt, erhält sie von ihren Kunden alle wichtigen Informationen.

3.5 Finanzcoaching und Finanzberatung

Was aber macht Alice, wenn Risikobereitschaft, Geldbetrag, Ziel und benötigtes Risiko-/Ertragsprofil von Beatrix überhaupt nicht zueinander passen? Auch ein Dilemma? Oder lösbar?

Für Beatrix stellt sich die Frage: Was wäre, wenn ich bewusst mehr Risiko eingehe, als es meine persönliche Einstellung (finanzielle Risikobereitschaft) erlaubt?

Alice überlegt, was Beatrix helfen könnte, diese Frage zu beantworten. Sie könnte ihr von anderen Kunden erzählen, die diese Entscheidung getroffen haben. Sie könnte ihr aus rein rationalen, finanziellen Gründen dazu raten. Doch das alles – so viel weiß Alice – würde Beatrix über die Ängste und den Konflikt nicht dauerhaft hinweghelfen. Wenn Beatrix jetzt eine Entscheidung trifft, bei der sie nicht von innen heraus überzeugt ist, wird sie die Entscheidung nicht lange genug durchhalten können. Beatrix braucht keine Information von außen. Sie braucht hilfreiche, kluge Fragen, welche es ihr ermöglichen, ihre eigenen Ressourcen zu aktivieren, diese Hürde selbst zu nehmen. Beatrix fragt sich nämlich: Woher kommt eigentlich meine Angst und was brauche ich, um diese Angst zu überwinden? Sie denkt auch: Wenn ich in anderen Situationen Risiko eingegangen bin – sogar ein Risiko auf Leben und Tod – warum nicht jetzt ein Risiko eingehen, bei dem vielleicht ein paar tausend Euro auf dem Spiel stehen? Was ist dabei so anders?

Alice entschließt sich, Beatrix zu empfehlen, ihren Kooperationspartner Franz anzurufen. Beatrix ist ihre Entscheidung wirklich wichtig und sie ist bereit, ihn zu fragen, ob er in den nächsten Wochen ein Zeitkontingent zur Verfügung stellen kann. Er ist Finanzcoach und spezialisiert genau auf diese Fragen. Er kennt die Ebenen, auf denen man für Konflikte rund um Geld und Risiko eine Lösung finden kann. Das ist nicht die Kernkompetenz von Alice und sie weiß, dass Kunden nach einem Finanzcoaching zurück in der Beratung viel leichter und klarer Entscheidungen treffen. Ihr ist das Risiko, mit einer fachlich richtigen Empfehlung die emotionalen Bedürfnisse der Kundin nicht zu treffen, einfach zu groß. Sie konzentriert sich lieber auf das, was sie besonders gut kann. Deshalb hält Alice das Coachingangebot ihres Kollegen für die ideale komplementäre Ergänzung zu ihrem fachlichen Angebot als Finanzberaterin.

Der Finanzcoach übernimmt
Franz hat keine große Ahnung von Zahlen, Daten, Fakten, kann keine Risikobandbreite einem Ertragsziel zuordnen. Dafür kennt er die Bedeutung verschiedener Facetten der Persönlichkeit und Identität eines Menschen im Hinblick

auf Entscheidungen über Geld und Risiko wie kein zweiter. Er nimmt die Arbeit mit Beatrix gerne an. Nach der Zieklärung für das Coaching stellt er Beatrix gleich ein paar wichtige Fragen: „Was bedeutet dir Sicherheit? Welche symbolische Rolle spielt Geld in deinem Leben? Wie würde sich dein Leben verändern, wenn du auf einmal bewusst mehr finanzielles Risiko eingehen würdest?" Beatrix verbindet mit Geld Unabhängigkeit und Freiheit. Sie hat von ihrer Mutter gelernt, sich nie abhängig zu machen, weder von Geld noch von einem Mann mit Geld. Mehr Risiko einzugehen würde nun bedeuten, sich sehenden Auges von bestimmten Regeln und einer Finanzberaterin abhängig zu machen. Sie erkennt: Ohne Abhängigkeit geht es wohl nicht. Die Empfehlung der Mutter war ein Sackgasse. Denn Beatrix sieht natürlich gleichzeitig, dass sie eigentlich schon sehr abhängig ist. Sie hat zwar ein Einkommen, besitzt jedoch kaum eigenes Vermögen, ihr Mann verdient das große Geld. Beatrix spürt, wie wichtig sie ihr eigenes Geld nehmen muss, und sie will erfolgreicher damit umgehen.

Das Coaching mit Franz schreitet voran. Im Laufe des zweiten Gesprächs entscheidet sich Beatrix bewusst, für ihr eigenes Geld etwas mehr Risiko einzugehen. Sie will jetzt die volle Verantwortung für ihr Geld und das Risiko übernehmen. Sie wird ihrer Tochter damit ein noch besseres Vorbild sein können. Im dritten Gespräch erkennt sie auch Ressourcen, die ihr helfen, mehr Selbstvertrauen für ihre Finanzentscheidungen zu gewinnen. Beatrix erinnert sich daran, dass sie in der Schule eine exzellente Schülerin war. Gerade in Mathematik war sie immer bei den Besten. Nicht das Fachwissen, aber das Gefühl, auch schwierige Aspekte bei Finanzentscheidungen verstehen zu können, motivieren sie, im Gespräch mit Alice jetzt besonders aufmerksam zu sein. Sie freut sich sogar auf den Austausch und die Informationen, die ihre Beraterin für sie bereithält.

Zurück in der Beratung bei Alice
Alice staunt wieder einmal, was in dem Coaching bei Franz für ihre Kundin in so kurzer Zeit zum Vorschein gekommen ist. Beatrix hat ihr ein bisschen aus den drei Gesprächen erzählt. Alice gewinnt einen guten Einblick, wie es sich bei ihr verhält, und warum sie nun, um ihre ganz persönlichen Ziele zu erreichen, auch bereit ist, ein sinnvolles Maß an Risiko einzugehen. Das gibt auch Alice ein gutes Gefühl. Ihre Kundin wird jetzt das Risiko nehmen, das sie nehmen müsste, um aus ihrem geringen eigenen Vermögen über die nächsten Jahre einen guten Ertrag zu erhalten.

Die Beziehung zwischen Alice und Beatrix bekommt durch die Intervention von Franz eine neue Qualität. Beatrix spürt, wie sehr ihre Beraterin Alice ihr

Wohl im Auge hat. Ihr gefällt, dass Alice auch ihre Grenzen kennt. Das steigert ihr Vertrauen und gibt ihr genügend Sicherheit auch für volatile Zeiten. Sie spürt, dass sie in Alice eine gute Partnerin fürs *Finanzleben* gefunden hat.

▶ Beraterin und Coach sind als Rolle in ihrer Essenz unvereinbar – ein ideales Paar in der kooperativen Entscheidungsfindung. Warum?

Die Beraterin stellt Fragen, die ihr helfen, einen guten fachlichen Rat zu geben. Sie bewegt sich dabei auf sicherem Terrain: auf der Ebene der Fakten, Umstände und beobachtbarem Verhalten.

Der Coach stellt Fragen, welche den Denkprozess der Kundin fördern, damit sie Erkenntnisse (über sich) gewinnt, die sie nutzen kann, um ihr Dilemma (niedrige Risikobereitschaft/hohes benötigtes Risiko) zu lösen.

Die Beraterin agiert aus der Sicherheit ihres Wissens, der Coach agiert aus dem fachlichen Nicht-Wissen, er betritt mit seinen Fragen immer wieder Neuland. Der Coach agiert hauptsächlich auf der Ebene von Einstellungen, Gefühlen und tiefer liegender Identität. Beides zusammen stärkt die Kundin. Sie wird langfristig eine gute Selbstwahrnehmung, mehr Verantwortungsbereitschaft und Entscheidungsfähigkeit entwickeln. Diese Kombination ist ideal für die Begleitung von Kunden bei Entscheidungen unter Unsicherheit.

Fazit: Mit der Unsicherheit Freundschaft schließen 4

Liebe Leserin, lieber Leser, vielleicht hat Sie das Dilemma, das uns Risiko und Ertrag aufgeben, bereits etwas berührt und zum Nachdenken angeregt.

Diese drei Erkenntnisse haben uns beim Schreiben geleitet:

4.1 Erkenntnis 1 – das Sachliche

Unsicherheit gibt es nicht nur im Ertrag, den ich erzielen kann, sondern auch im Risiko, das ich dafür eingehen will. Es gibt immer ein Restrisiko, das ich nicht kalkulieren kann. Diese Unsicherheit im Risiko, dieses nichtkalkulierbare Restrisiko lässt sich zwar verringern, aber nur um den Preis, dass die Ertragsunsicherheit wieder zunimmt.

Die Begegnung mit Risiko erschüttert uns Menschen im Glauben an die Berechenbarkeit aller Dinge, die uns wichtig sind.

4.2 Erkenntnis 2 – etwas Persönliches

Meine Finanzentscheidungen sind geprägt davon, was ich ganz persönlich mit Geld verbinde. Verbinde ich Geld mit Sicherheit, entscheide ich anders, als wenn ich es mit Freiheit verbinde. Ist mir mein Verhältnis zu Geld nicht bewusst, werden meine Finanzentscheidungen ungewollte Konsequenzen haben. Ich gehe Risiken ein, die ich gar nicht wollte, oder vermeide solche, die eigentlich sehr gut zu mir passen würden. Ein Finanzcoach kann mir helfen, mein Verhältnis zu Geld bewusst zu klären, Risiko- und Ertragserwartung in Einklang zu bringen.

© Springer Fachmedien Wiesbaden 2016
M. Müller und M. Pirovino, *Kooperative Finanzberatung*, essentials,
DOI 10.1007/978-3-658-13522-5_4

Die verbleibenden Unsicherheiten kann ich bewusst als positive Gestaltungsmöglichkeiten für mein Leben sehen und nutzen.

Mit Risiko schenken wir Leben – in der Unsicherheit spüren wir uns als Mensch.

4.3   Erkenntnis 3 – das persönliche Verhältnis zwischen Anlageberaterin und Kundin

Ein stabiles, von Vertrauen geprägtes Verhältnis zwischen Anlageberaterin und Kundin ist nicht nur essenziell für das psychische Wohlbefinden beider, sondern auch für den Anlageerfolg. Häufiges Ändern des Beratervertrags erhöht die gemeinsame Unsicherheit von Risiko und Ertrag.

Und an diesem Punkt, liebe Leserin, lieber Leser, wo es um das Verhältnis zwischen Ihnen der Anlageberaterin und Ihrer Kundin geht, hilft uns ein letzter Blick auf die Erkenntnisse, welche Physiker für die Welt der kleinsten Partikel gewonnen haben. Unsicherheit ist elementar. Komplementäre Größen wie Ort und Impuls können nicht gleichzeitig exakt bestimmt werden. Die Heisenbergsche Unschärferelation formuliert eine Untergrenze für die gemeinsame Unsicherheit der beiden komplementären Größen. Physiker haben solchen Zuständen, welche diese Untergrenze an Unsicherheit erreichen, einen ganz bestimmten Namen gegeben: Es sind *kohärente Zustände*. Kohärente Zustände sind in der Natur selten. Sie haben die Tendenz auseinanderzufallen, *de-kohärent* zu werden. Genauso wie in der Physik der kleinsten Teilchen verhält es sich in diesem dritten Punkt, der Ihnen, liebe Leserin, lieber Leser, so wichtig ist. Auch in der Beziehung zwischen Ihnen (der Anlageberaterin) und ihrer Kundin gibt es die Möglichkeit, einen kohärenten Zustand zu erreichen, die gemeinsame Unsicherheit von Risiko und Ertrag zu minimieren.

Was sagt die Psychologie dazu? Der kohärente Zustand wird durch gewachsenes Vertrauen unterstützt und aufrechterhalten. Kleine Kinder haben keine Wahl, sie müssen einfach total vertrauen. Erwachsene kennen beides Vertrauen und Misstrauen. Sie müssen an ihren Beziehungen arbeiten.

> Das Vertrauen in einer gewachsenen Beziehung – wie die zwischen Anlageberaterin und Kundin – baut auf einer Unschärfe auf: Einerseits gibt es eine Vereinbarung und Regeln und gleichzeitig das Bewusstsein, dass Menschen Vereinbarungen auch einmal nicht einhalten

oder brechen. In dauerhaft stabilen Beziehungen ist es beiden gelungen, Vertrauen zu schenken und gesundes Misstrauen in Form von Wachsamkeit vorzuhalten. Dazu gehört, sich immer wieder an die Grundlagen für das Versprechen zu erinnern, und auch mit Vertrauensbrüchen konstruktiv umzugehen.

Wenn keine gegenseitige Klarheit zwischen den Grenzen der Ertragserwartung und den Grenzen der Risikobereitschaft besteht, zerfällt die vermeintlich stabile Vertragsbeziehung zwischen Kundin und Beraterin. Die Verträge werden verändert, die Beziehung wird de-kohärent und es resultiert eine erhöhte gemeinsame Unsicherheit von Risiko und Ertrag, die den langfristigen Anlageerfolg schmälert.

Beatrix hat einen wichtigen Grund, eine kohärente Beziehung zu ihrer Beraterin aufzubauen und aufrechtzuerhalten: Sie hat ihrer Tochter Maria versprochen, das Geld gut zu verwahren. Erst, als sie sich der Herausforderung etwas länger stellte, wurde ihr klar: Über Jahre Geld *richtig* anlegen ist fast noch schwieriger als es einmal *gerecht* verteilen.

Die Aufgabe, die Maria ihr gestellt hat, hat Beatrix genutzt, um einiges Neues zu lernen. Ohne das Vertrauen ihrer Tochter hätte sie sich dem Risiko nie gestellt. Und sie macht sich Gedanken um Marias Zukunft: Was wird Maria während ihrer Kindheit lernen? Wird sie als Erwachsene wissen, was gerecht ist? Wie man gerecht teilen kann? Und mit einem Lächeln im Gesicht fragt sie sich schließlich: Müssen wir nicht alle das Gleiche im Umgang mit Unsicherheit lernen? Immer und immer wieder?

Sie schaut aus dem Fenster auf die spielenden Kinder und ist dankbar und berührt zugleich.

Risiko und Ertrag sind bei jedem Verteilungsproblem komplementär – dies geht uns alle an, Kinder und Erwachsene.

Das Spannende, liebe Leserin und lieber Leser, was wir an dieser kleinen Gedankenreise kennengelernt haben, ist doch unser Verhältnis zu uns selbst und zur Unsicherheit. Dass wir dieser Unsicherheit nicht entfliehen können. Sie nicht durch Sicherheit ersetzen, sondern sie nur transformieren können von einer Form in die andere. Und, wenn wir uns nicht klug dabei anstellen, werden wir diese Unsicherheit nur vergrößern können. Unser Bestreben, eine Unsicherheit zu vermeiden, führt zu einer größeren Unsicherheit an einem anderen (komplementären) Ort.

Wir können der Unsicherheit nicht entfliehen. Aber wir können sie selbst mitgestalten. Wir können, wie die Philosophin Natalie Knapp es ausdrückt, mit der Unsicherheit Freundschaft schließen [1].

Was Sie aus diesem *essential* mitnehmen können

- Anlageentscheidungen ohne Unsicherheit gibt es nicht. Die Unsicherheit im Risiko lässt sich zwar verringern, aber nur um den Preis, dass die Ertragsunsicherheit wieder zunimmt.
- Moderne Beratung greift dieses Dilemma auf und gibt Hilfestellung zum bewussten Umgang mit der eigenen Risikobereitschaft und der Anlagestrategie.
- Finanzentscheidungen sind geprägt davon, was Berater und Kunde ganz persönlich mit Geld verbinden. Wer seine Muster kennt, hält das Steuer bei seinen Entscheidungen in der Hand.
- Jedes Mal wenn Zielvereinbarung oder Berater wechseln, trägt dies zur Unsicherheit im Ergebnis bei. In dauerhaft stabilen Beziehungen gelingt es, gleichzeitig gesundes Misstrauen in Form von Wachsamkeit vorzuhalten und Vertrauen zu schenken.

© Springer Fachmedien Wiesbaden 2016
M. Müller und M. Pirovino, *Kooperative Finanzberatung*, essentials,
DOI 10.1007/978-3-658-13522-5

Literatur

1. Knapp N (2013) Kompass neues Denken. Wie wir uns in einer unübersichtlichen Welt orientieren können. Rowohlt, Reinbek
2. Müller M (2013) Finanzcoaching für Unternehmer – erfolgreich mit Geld und Risiko umgehen. Springer, Heidelberg
3. Müller M (2013) Risiko als zentraler Anknüpfungspunkt in der modernen Anlageberatung. In: Tilmes R, Jakob R, Nickel H (Hrsg) Moderne Finanzberatung. Bankverlag, Köln, S 259–297

© Springer Fachmedien Wiesbaden 2016
M. Müller und M. Pirovino, *Kooperative Finanzberatung*, essentials,
DOI 10.1007/978-3-658-13522-5

Lesen Sie hier weiter

Monika Müller

Finanzcoaching für Unternehmer
Finanzpsychologie:
Erfolgreich mit Geld & Risiko umgehen

1. Aufl. 2013, X, 213 S., 17 Abb.,
Hardcover: € 42,99
ISBN: 978-3-642-29917-9

Änderungen vorbehalten.
Erhältlich im Buchhandel oder beim Verlag.

Einfach portofrei bestellen:
leserservice@springer.com
tel +49 (0)6221 345-4301
springer.com